Impressum
Verlag: BABADADA GmbH, Nedderfeld 112 , 22529 Hamburg
Geschäftsführer / Verlagsleitung: Harald Hof
Druck: Books on Demand GmbH, In de Tarpen 42, 22848 Norderstedt

Imprint
Publisher: BABADADA GmbH, Nedderfeld 112 , 22529 Hamburg, Germany
Managing Director / Publishing direction: Harald Hof
Print: Books on Demand GmbH, In de Tarpen 42, 22848 Norderstedt

בית ספר

escuela

כיתה
aula
חילק
dividir
186/2
לוח
pizarra
patio
מורה
maestro/a
נייר
papel
כתב
escribir
עט
bolígrafo
שולחן עבודה
escritorio
סרגל
regla
ספר
libro
תלמיד
alumno/a

ילקוט
....
cartera

קלמר
....
caja de lápices

עיפרון
....
lápiz

מחדד
....
sacapuntas

גומי מחיקה
....
goma de borrar

חוברת סרטוט
....
cuaderno de dibujo

סרטוט

dibujo

מברשת

pincel

קופסת צבעים

caja de pinturas

מספריים

tijeras

דבק

pegamento

ספר תרגול

cuaderno de ejercicios

שיעור בית

deberes

12

מספר

número

2+2

חיבר

sumar

חיסר

restar

2×2

הכפיל

multiplicar

חישב

calcular

A

אות

letra

ABCDEFG
HIJKLMN
OPQRSTU
VWXYZ

אלפבית

alfabeto

מילה

palabra

טקסט

texto

קרא

leer

גיר

tiza

שיעור

lección

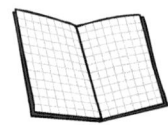

יומן נוכחות

cuaderno de notas

מבחן

examen

תעודה

certificado

תלבושת בית ספר

uniforme escolar

חינוך

educación

אנציקלופדיה

enciclopedia

אוניברסיטה

universidad

מיקרוסקופ

microscopio

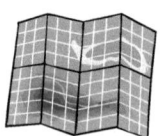

מפה

mapa

סל נייר

papelera

מלון
hotel
הוסטל
albergue
המרת מטבע
oficina de cambio de divisas
מזוודה
maleta
אוטו
coche

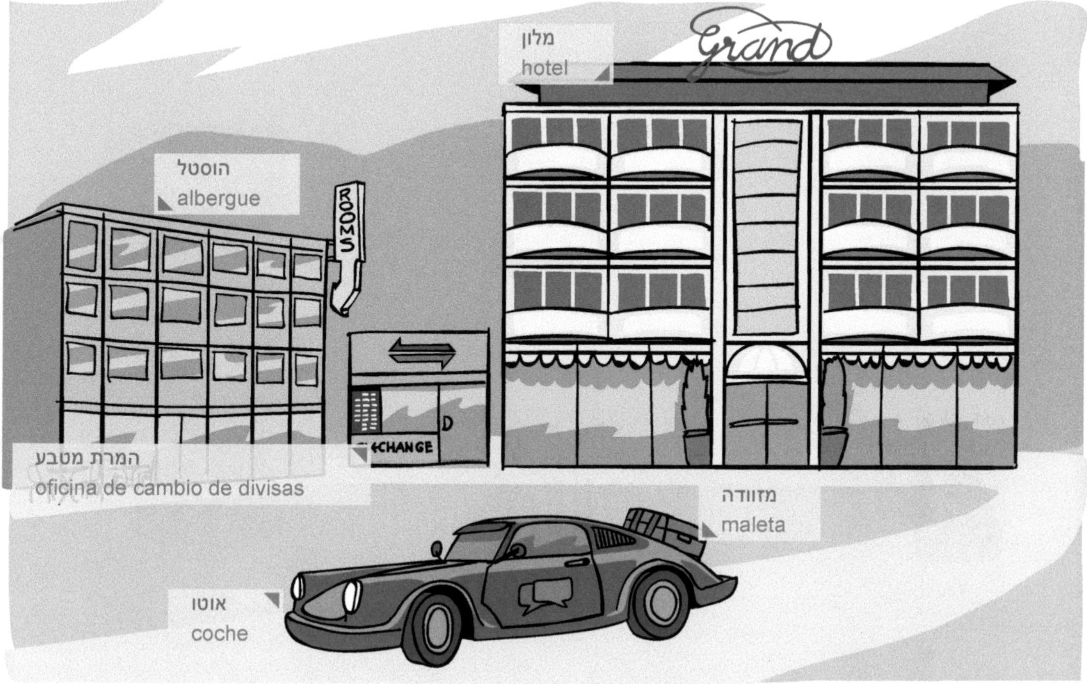

שפה

idioma

כן / לא

sí / no

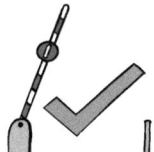

בסדר

Vale

שלום

hola

מתרגם

traductor

תודה

Gracias

כמה עולה.....?

¿cuánto es…?

אני לא מבין

No entiendo

בעיה

problema

ערב טוב!

¡Buenas tardes!

בוקר טוב!

¡Buenos días!

לילה טוב!

¡Buenas noches!

להתראות

adiós

כיוון

dirección

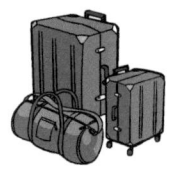

כבודה

equipaje

תיק

bolsa

תרמיל גב

mochila

אורח

invitado

חדר

habitación

שק שינה

saco de dormir

אוהל

tienda de campaña

מרכז מידע לתיירים

información turística

חוף ים

playa

כרטיס אשראי

tarjeta de crédito

ארוחת בוקר

desayuno

ארוחת צהריים

almuerzo

ארוחת ערב

cena

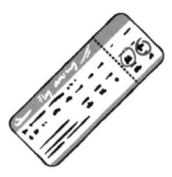

כרטיס

billete

מעלית

ascensor

בול

sello

גבול

frontera

מכס

aduana

שגרירות

embajada

אשרה

visa

דרכון

pasaporte

תחבורה
transporte

מטוס
avión
אונייה
barco
כבאית
coche de bomberos
משאית
camión
אוטובוס
autobús
סירת מנוע
lancha a motor
אופניים
bicicleta
אוטו
coche

מעבורת

transbordador

סירה

barca

אופנוע

moto

ניידת משטרה

coche de policía

מכונית מרוץ

coche de carreras

רכב שכור

coche de alquiler

מכוניות בשיתוף

préstamo de vehículos

אוטו גרר

grúa

משאית זבל

camión de la basura

מנוע

motor

דלק

gasolina

תחנת דלק

gasolinera

תמרור

señal de tráfico

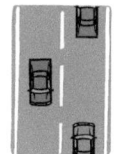

תנועה

tráfico

פקק תנועה

atasco

חניה

aparcamiento

תחנת רכבת

estación de tren

פסי רכבת

vías

רכבת

tren

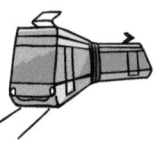

רכבת קלה

tranvía

קרון

vagón

מסוק

helicóptero

שדה-תעופה

aeropuerto

מגדל

torre

נוסע

pasajero

קונטיינר

contenedor

קרטון

caja de cartón

עגלה

carretilla

סל

cesta

המראה / נחיתה

despegar / aterrizar

עיר

ciudad

כפר

pueblo

מרכז העיר

centro de ciudad

בית

casa

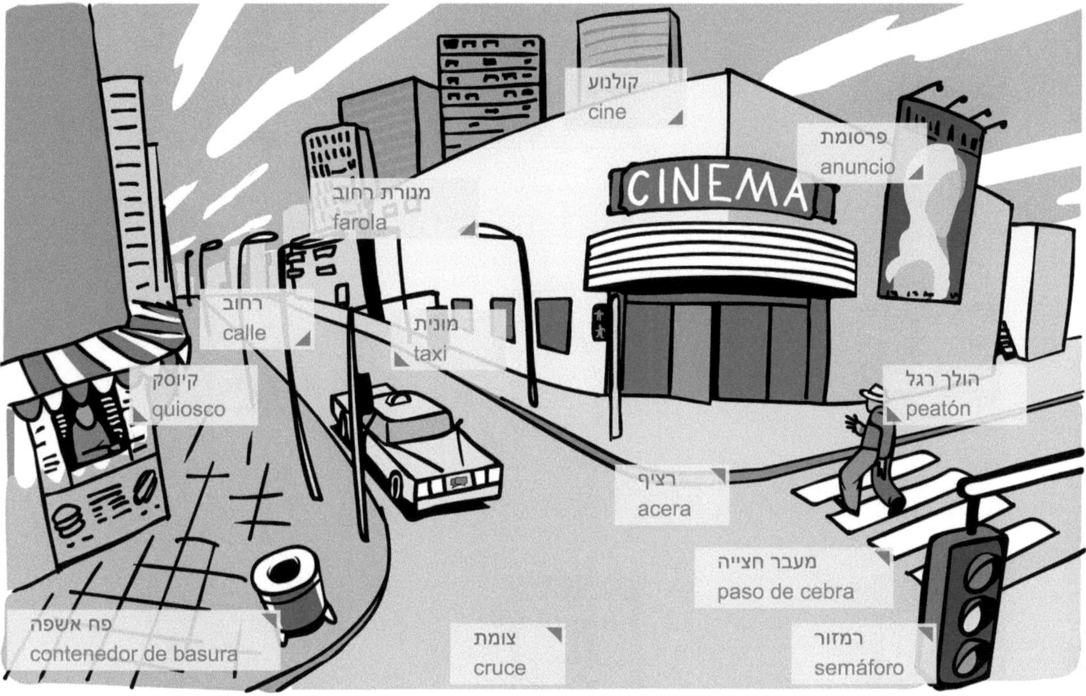
קולנוע
cine
CINEMA
פרסומת
anuncio
מנורת רחוב
farola
רחוב
calle
מונית
taxi
קיוסק
quiosco
הולך רגל
peatón
רציף
acera
מעבר חצייה
paso de cebra
פח אשפה
contenedor de basura
צומת
cruce
רמזור
semáforo

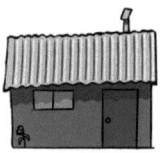

בקתה

cabaña

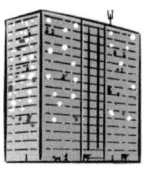

דירה

apartamento

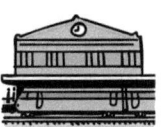

תחנת רכבת

estación de tren

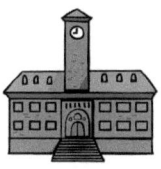

עירייה

ayuntamiento

MUSEUM

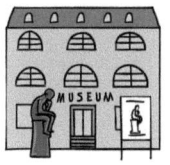

מוזיאון

museo

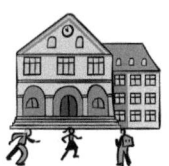

בית ספר

escuela

אוניברסיטה

universidad

בנק

banco

בית חולים

hospital

מלון

hotel

בית מרקחת

farmacia

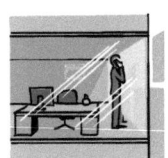

משרד

oficina

חנות ספרים

librería

חנות

tienda

חנות פרחים

floristería

סופרמרקט

supermercado

שוק

mercado

כל-בו

grandes almacenes

מוכר דגים

pescadería

קניון

centro comercial

נמל

puerto

פארק

parque

ספסל

banco

גשר

puente

מדרגות

escaleras

רכבת תחתית

metro

מנהרה

túnel

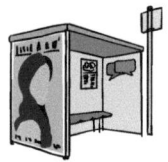

תחנת אוטובוס

parada de autobús

בר

bar

מסעדה

restaurante

תא דואר

buzón

שלט רחוב

poste indicador

מדחן

parquímetro

גן חיות

zoo

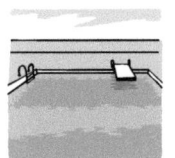

בריכת שחיה

piscina

מסגד

mezquita

חווה

granja

זיהום

contaminación

בית עלמין

cementerio

כנסייה

iglesia

מגרש משחקים

patio de juego

בית מקדש

templo

נוף

paisaje

עלה
hoja

תמרור
señal

דרך
camino

מרעה
prado

אבן
piedra

עץ
árbol

מטייל
excursionista

נהר
río

דשא
hierba

פרח
flor

בקעה

valle

הר

colina

אגם

lago

יער

bosque

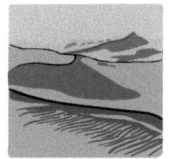

מדבר

desierto

הר געש

volcán

טירה

castillo

קשת בענן

arcoíris

פטריה

champiñón

דקל

palmera

יתוש

mosquito

זבוב

mosca

נמלה

hormiga

דבורה

abeja

עכביש

araña

חיפושית

escarabajo

צפרדע

rana

סנאי

ardilla

קיפוד

erizo

ארנב

liebre

ינשוף

lechuza

ציפור

pájaro

ברבור

cisne

חזיר בר

jabalí

צבי

ciervo

אייל הקורא

alce

סכר

presa

טורבינת רוח

turbina eólica

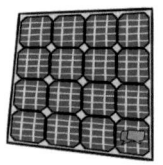

פנל סולארי

panel solar

אקלים

clima

מסעדה

restaurante

מלצר
camarero
תפריט
menú
כסא
silla
מרק
sopa
פיצה
pizza
מפת שולחן
mantel
סכו"ם
cubertería

מנת פתיחה

primer plato

מנה עיקרית

plato principal

קינוח

postre

שתיות

bebidas

אוכל

comida

בקבוק

botella

מזון מהיר

comida rápida

אוכל רחוב

comida callejera

קנקן תה

tetera

מסכרת

azucarero

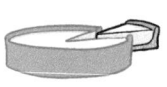

מנה

porción

מכונת אספרסו

cafetera expreso

כסא תינוק

trona

חשבון

cuenta

מגש

bandeja

סכין

cuchillo

מזלג

tenedor

כף

cuchara

כפית

cucharilla

מפית

servilleta

כוס

vaso

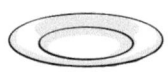

צלחת

plato

קערת מרק

plato hondo

תחתית

platillo

רוטב

salsa

מלחייה

salero

מטחנת פלפל

molinillo de pimienta

חומץ

vinagre

שמן

aceite

תבלינים

especias

קטשופ

ketchup

חרדל

mostaza

מיונז

mayonesa

סופרמרקט
supermercado

מבצע
oferta especial
לקוח
cliente
מוצרי חלב
lácteos
פירות
fruta
עגלת קניות
carro de la compra

אטליז

carnicería

מאפייה

panadería

שקל

pesar

ירקות

verduras

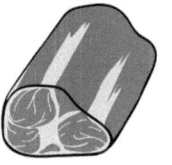

בשר

carne

מזון קפוא

alimentos congelados

בשר קר

fiambres

שימורים

conservas

אבקת כביסה

detergente en polvo

ממתקים

dulces

מוצרי בית

productos de uso doméstico

חומר ניקוי

productos de limpieza

מוכרת

vendedora

קופה

caja

קופאי

cajero

רשימת קניות

lista de la compra

שעות פתיחה

horario de atención al público

ארנק

cartera

כרטיס אשראי

tarjeta de crédito

תיק

bolsa

שקית נילון

bolsa de plástico

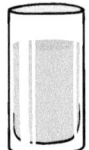

שתיות
bebidas

מים

....

agua

מיץ

....

zumo

חלב

....

leche

קולה

....

cola

יין

....

vino

בירה

....

cerveza

אלכוהול

....

alcohol

קקאו

....

cacao

תה

....

té

קפה

....

café

אספרסו

....

expreso

קפוצ'ינו

....

capuchino

אוכל

comida

בננה

plátano

תפוח

manzana

תפוז

naranja

אבטיח

melón

לימון

limón

גזר

zanahoria

שום

ajo

במבוק

bambú

בצל

cebolla

פטריות

champiñón

אגוזים

avellanas

אטריות

fideos

ספגטי

espagueti

אורז

arroz

סלט

ensalada

צ'יפס

patatas fritas

צ'יפס

patatas fritas

פיצה

pizza

המבורגר

hamburguesa

כריך

sándwich

שניצל

filete

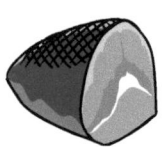

שינקין

jamón

סלאמי

salami

נקניקיה

salchicha

עוף

pollo

טיגון

asado

דג

pescado

שיבולת שועל

copos de avena

מוזלי

muesli

קורנפלקס

copos de maíz

קמח

harina

קרואסון

cruasán

לחמנייה

panecillo

לחם

pan

טוסט

tostada

עוגיות

galletas

חמאה

mantequilla

גבינה לבנה

cuajada

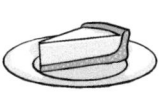

עוגה

pastel

ביצה

huevo

ביצת עין

huevo frito

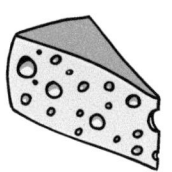

גבינה

queso

גלידה

helado

סוכר

azúcar

דבש

miel

ריבה

mermelada

ממרח נוגט

crema de turrón

קארי

curry

חווה
granja

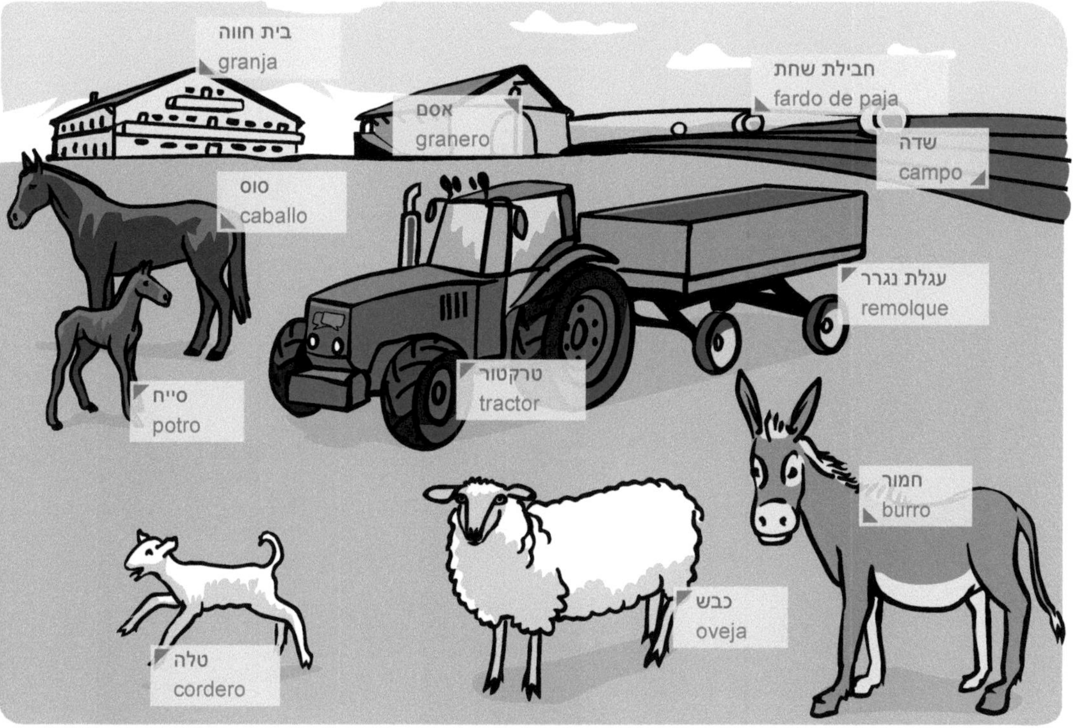

בית חווה
granja
אסם
granero
חבילת שחת
fardo de paja
שדה
campo
סוס
caballo
עגלת נגרר
remolque
סייח
potro
טרקטור
tractor
חמור
burro
כבש
oveja
טלה
cordero

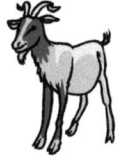

עז
cabra

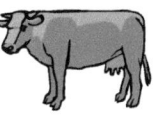

פרה
vaca

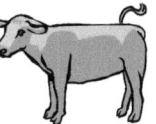

עגל
ternero

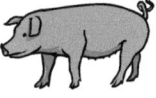

חזיר
cerdo

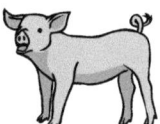

חזרזיר
cerdito

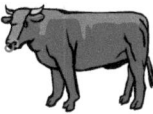

שור
toro

אווז

ganso

ברווז

pato

אפרוח

pollo

תרנגולת

gallina

תרנגול

gallo

חולדה

rata

חתול

gato

עכבר

ratón

שור

buey

כלב

perro

מלונה

perrera

צינור השקיה

manguera

קנקן מים

regadera

חרמש

guadaña

מחרשה

arado

מגל

hoz

מגרפה

azada

קלשון

horca

גרזן

hacha

מריצה

carretilla

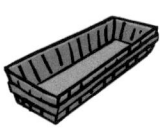

שוקת

abrevadero

כד חלב

lechera

שק

saco

גדר

valla

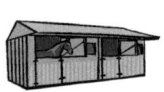

אורווה

establo

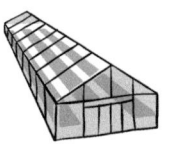

חממה

invernadero

אדמה

suelo

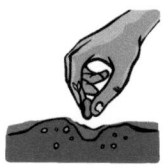

זרע

semilla

דשן

fertilizador

מקצרה

cosechadora

קצר

cosechar

קציר

cosecha

בטטה אפריקנית

ñame

חיטה

trigo

סויה

soja

תפוח אדמה

patata

תירס

maíz

קנולה

semilla de colza

עץ פירות

árbol frutal

קסבה

mandioca

דגנים

cereales

בית

casa

ארובה
chimenea
גג
tejado
מרזב
canalón
חלון
ventana
מוסך
garaje
פעמון
timbre
דלת
puerta
פח אשפה
cubo de la basura
תיבת מכתבים
buzón
גינה
jardín

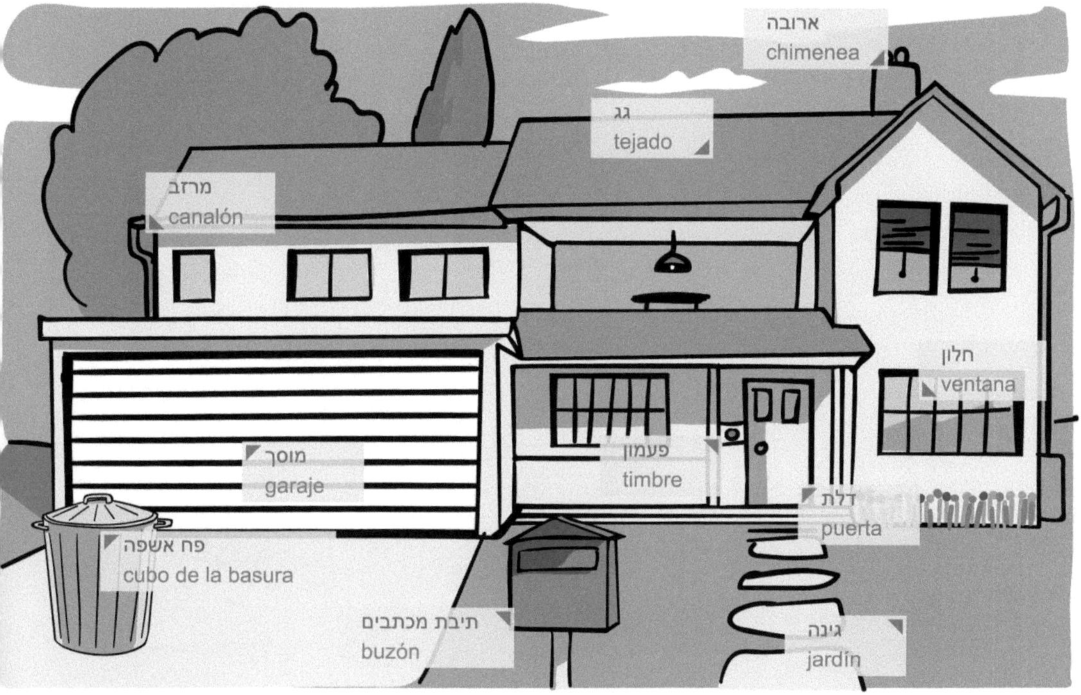

סלון

sala

חדר אמבטיה

cuarto de baño

מטבח

cocina

חדר שינה

dormitorio

חדר ילדים

habitación de los niños

חדר אוכל

comedor

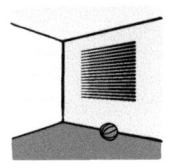

רצפה

suelo

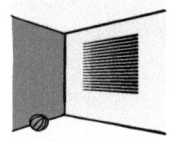

קיר

pared

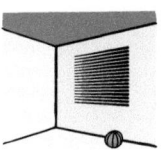

תקרה

techo

מרתף

sótano

סאונה

sauna

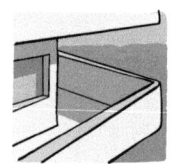

מרפסת

balcón

מרפסת

terraza

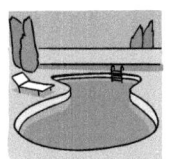

בריכה

piscina

מכסחת דשא

cortacésped

סדין

sábana

כיסוי מיטה

colcha

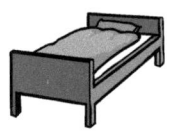

מיטה

cama

מטאטא

escoba

דלי

balde

מפסק

interruptor

סלון
sala

טפט
papel pintado
תמונה
imagen
מנורה
lámpara
מדף
estante
ארון
armario
טלוויזיה
televisión
אח
chimenea
פרח
flor
כרית
cojín
ספה
sofá
אגרטל
jarrón
שלט רחוק
mando a distancia

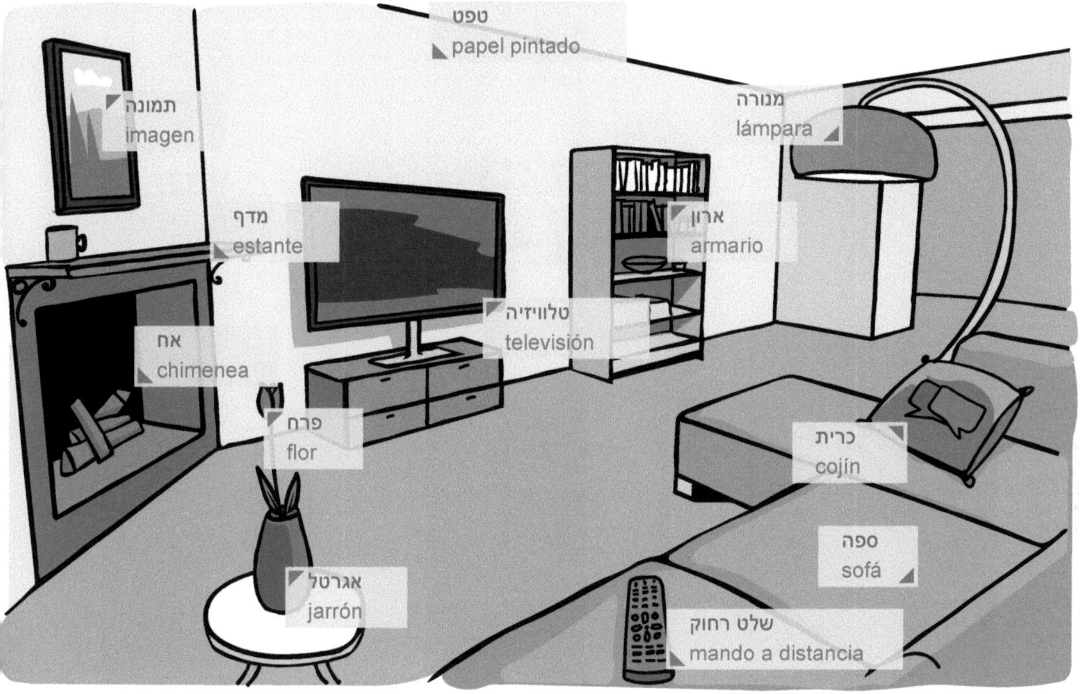

שטיח
alfombra

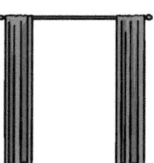

וילון
cortina

שולחן
mesa

כסא
silla

כיסא נדנדה
mecedora

כורסה
butaca

ספר

libro

שמיכה

manta

דקורציה

decoración

עצי הסקה

leña

סרט

película

מערכת סטריאו

equipo de música

מפתח

llave

עיתון

periódico

ציור

pintura

פוסטר

póster

רדיו

radio

מחברת

cuaderno

שואב אבק

aspiradora

קקטוס

cactus

נר

vela

מטבח
cocina

מקרר
refrigerador
מיקרוגל
microondas
מאזני מטבח
balanza de cocina
טוסטר
tostadora
חומר ניקוי
detergente
תנור
horno
מקפיא
congelador
פח אשפה
cubo de la basura
מדיח כלים
lavavajillas

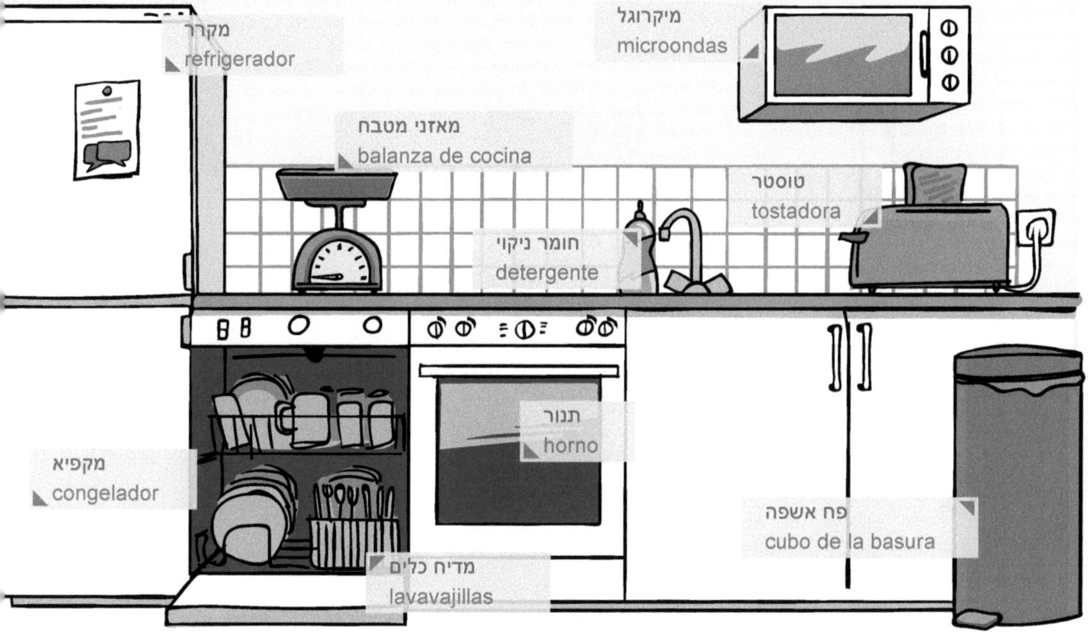

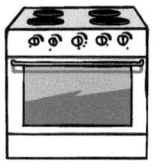

תנור
....
olla a presión

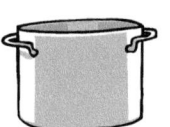

סיר
....
olla

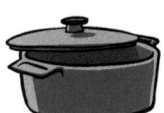

סיר ברזל
....
olla de hierro fundido

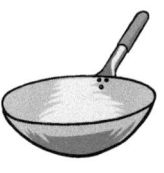

ווק
....
wok / karahi

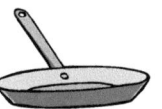

מחבת
....
cazuela

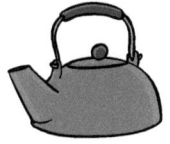

קומקום חשמלי
....
hervidor

מאדה

vaporera

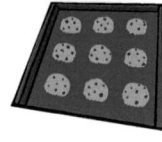

מגש אפייה

chapa de horno

כלי אוכל

vajilla

ספל

taza

קערה

tazón

צ'ופסטיקס

palillos

מצקת

cucharón

מרית

espumadera

מטרפה

batidor

מסננת בישול

colador

מסננת

cedazo

מגרדת

rallador

מכתש

mortero

גריל

barbacoa

מדורה

hoguera

קרש חיתוך

tabla de picar

מערוך

rodillo

פותחן פקקים

sacacorchos

פחית

lata

פותחן קופסאות

abrelatas

מטלית

agarrador

כיור

lavabo

מברשת

cepillo

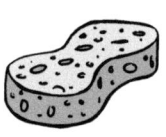

ספוג

esponja

בלנדר

batidora

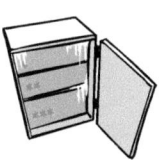

מקפיא

congelador

בקבוק לתינוק

biberón

ברז

grifo

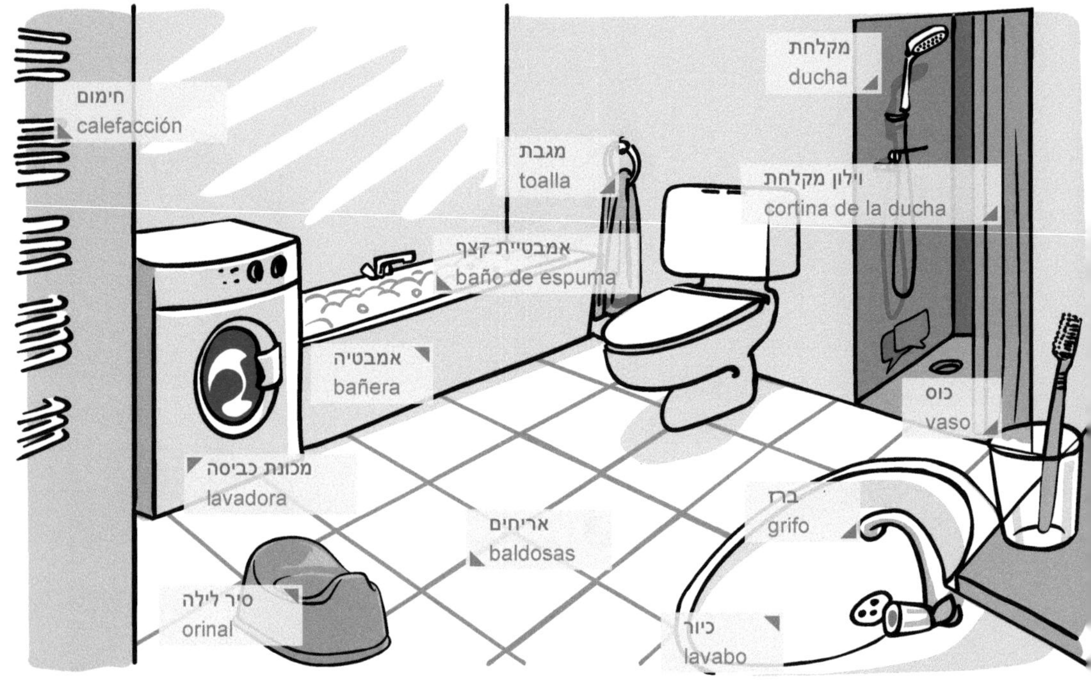

חדר אמבטיה
cuarto de baño

מקלחת
ducha
חימום
calefacción
מגבת
toalla
וילון מקלחת
cortina de la ducha
אמבטיית קצף
baño de espuma
אמבטיה
bañera
כוס
vaso
מכונת כביסה
lavadora
ברז
grifo
אריחים
baldosas
סיר לילה
orinal
כיור
lavabo

אסלה

inodoro

אסלת כריעה

inodoro rústico

בידה

bidé

משתנה

urinario

נייר טואלט

papel higiénico

מברשת אסלה

escobilla del váter

מברשת שיניים

cepillo de dientes

משחת שיניים

pasta de dientes

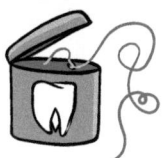

חוט דנטלי

hilo dental

שטף

lavar

מקלחת יד

ducha de mano

צינור שטיפה לשירותים

ducha íntima

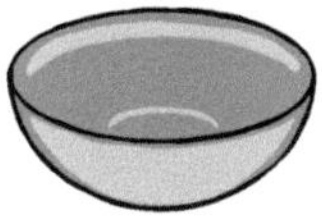

קערת רחצה

pila

מברשת גב

cepillo de espalda

סבון

jabón

ג'ל רחצה

gel de ducha

שמפו

champú

ליפה

toallita

ניקוז

desagüe

קרם

crema

דיאודורנט

desodorante

מראה

espejo

מראת יד

espejo de tocador

סכין גילוח

maquinilla de afeitar

קצף גילוח

espuma de afeitar

אפטרשייב

loción postafeitado

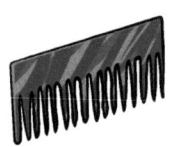

מסרק

peine

מברשת

cepillo

מייבש שיעור

secador

ספריי לשיער

laca

איפור

maquillaje

שפתון

pintalabios

לק

pintauñas

צמר גפן

algodón

מספריים לציפורניים

cortauñas

בושם

perfume

תיק כלי רחצה

estuche de viaje

שרפרף

banqueta

משקל

balanza

חלוק רחצה

albornoz

כפפות גומי

guantes de goma

טמפון

tampón

תחבושת סניטרית

compresa

שירותים כימיקליים

inodoro químico

חדר ילדים

habitación de los niños

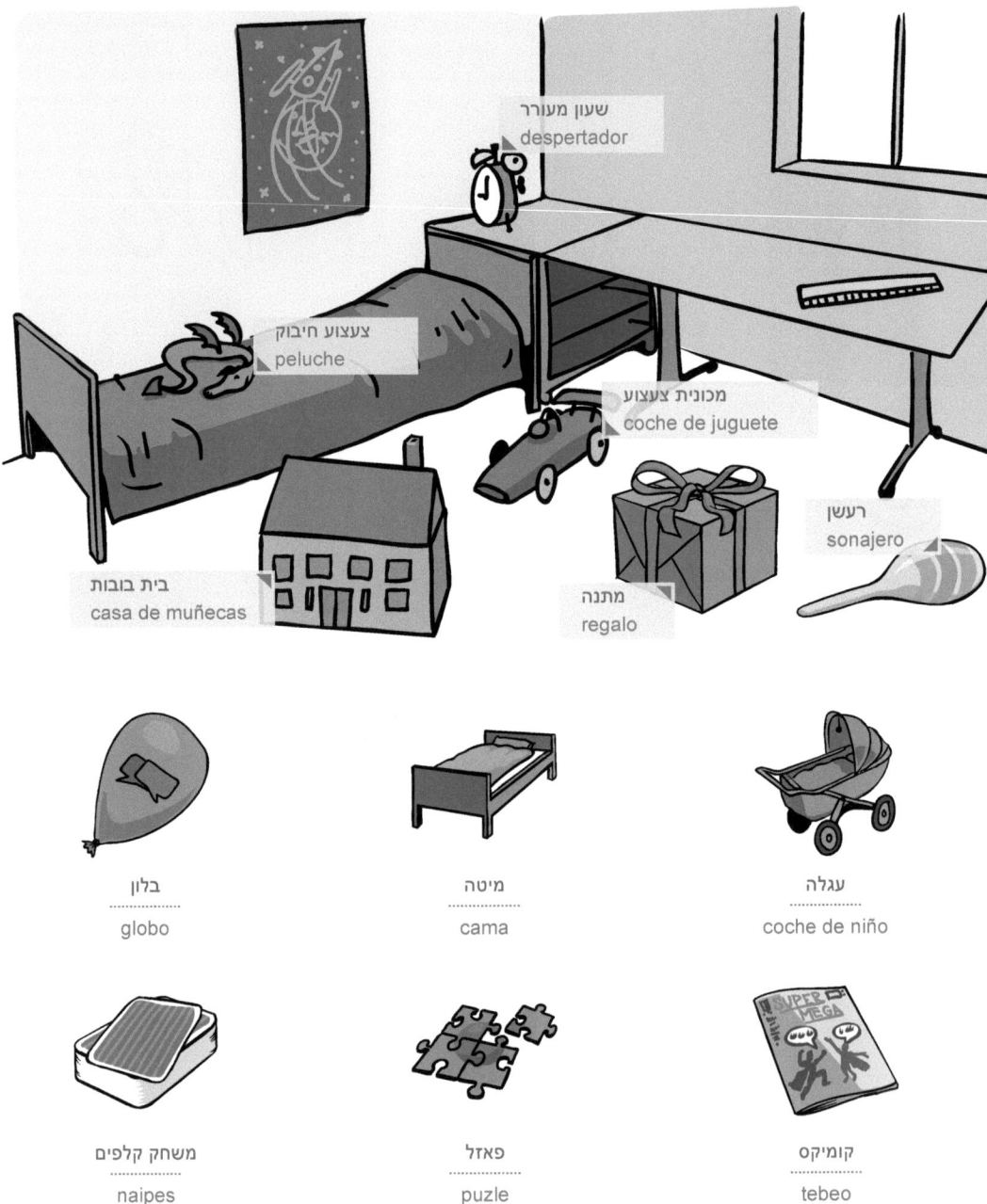

שעון מעורר
despertador
צעצוע חיבוק
peluche
מכונית צעצוע
coche de juguete
רעשן
sonajero
בית בובות
casa de muñecas
מתנה
regalo

בלון

globo

מיטה

cama

עגלה

coche de niño

משחק קלפים

naipes

פאזל

puzle

קומיקס

tebeo

לגו
piezas de lego

קוביות משחק
bloques de juguete

דמות משחק
figura de acción

סרבל תינוקות
bodi (de bebé)

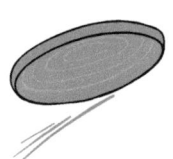

פריזבי
frisbee

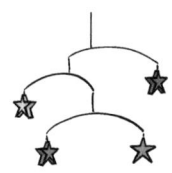

נייד
colgador móvil para bebés

משחק לוח
juego de mesa

קוביה
dados

רכבת צעצוע
circuito de tren eléctrico

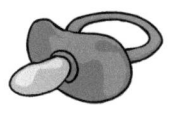

מוצץ
maniquí

מסיבה
fiesta

אלבום תמונות
álbum de fotos

כדור
pelota

בובה
muñeca

שיחק
jugar

ארגז חול

cajón de arena

נדנדה

columpio

צעצועים

juguetes

קונסולת משחקים

videoconsola

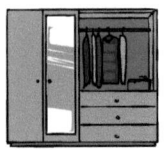

אופניים תלת גלגלי

triciclo

דובון

oso de peluche

ארון בגדים

guardarropa

בגדים

ropa

גרביים

calcetines

גרביונים

medias

גרביון

leotardos

צעיף
bufanda

מטריה
paraguas

חולצת טי
camiseta

חגורה
cinturón

מגפיים
botas

נעלי בית
zapatillas

נעלי ספורט
deportivas

סנדלים
sandalias

נעליים
zapatos

מגפי גומי
botas de goma

תחתונים
slip

חזייה
sostén

וסט
chaleco

גוף

bodi

מכנסיים

pantalones

ג'ינס

vaqueros

חצאית

falda

חולצה מכופתרת

blusa

חולצה

camisa

אפודה

jersey

סווצ'ר עם קפוצ'ון

suéter

בלייזר

blazer

ז'קט

chaqueta

מעיל

abrigo

מעיל גשם

gabardina

תלבושת

traje

שמלה

vestido

שמלת כלה

vestido de novia

חליפה

traje

כותונת לילה

camisón

פיג'מה

pijama

סארי

sari

מטפחת ראש

bandana

טורבן

turbante

בורקה

burka

קאפטן

caftán

עבאיה

abaya

בגד ים

traje de baño

בגד ים

bañador

מכנסיים קצרים

pantalones cortos

בגד אימון

chándal

סינר

delantal

כפפות

guantes

כפתור

botón

משקפיים

gafas

צמיד יד

brazalete

שרשרת

collar

טבעת

anillo

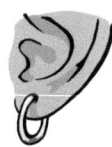

עגיל

pendiente

כובע

gorra

קולב

percha

כובע

sombrero

עניבה

corbata

רוכסן

cremallera

קסדה

casco

כתפיות

tirantes

תלבושת בית ספר

uniforme escolar

מדים

uniforme

מפית אוכל

babero

מוצץ

maniquí

חיתול

pañal

משרד

oficina

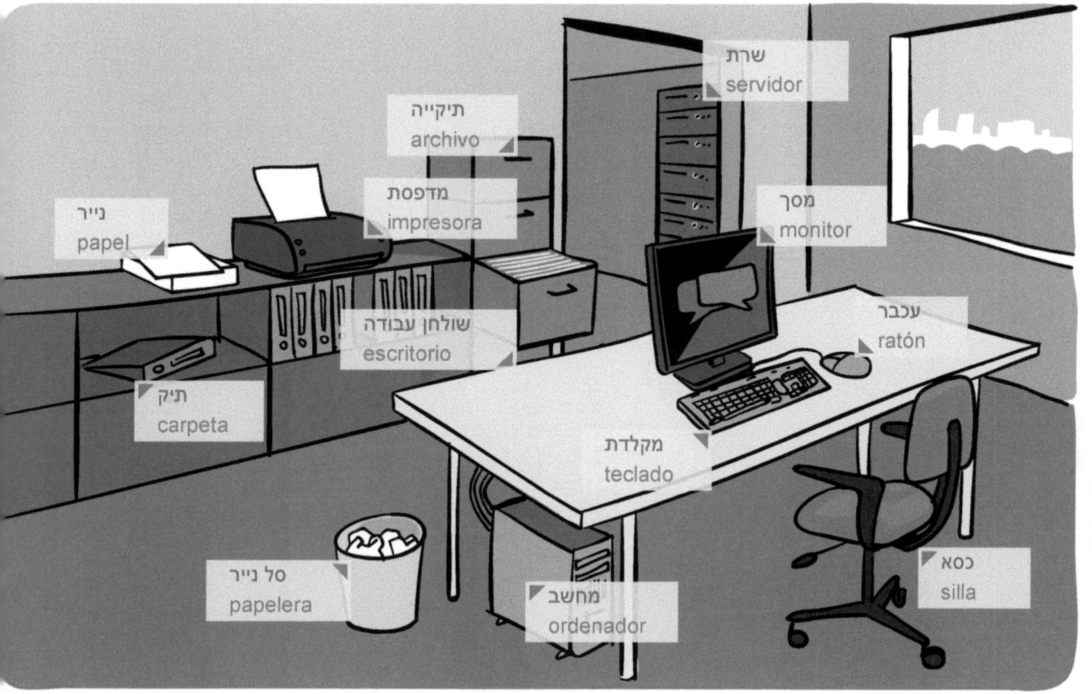

שרת
servidor

תיקייה
archivo

מדפסת
impresora

נייר
papel

מסך
monitor

עכבר
ratón

שולחן עבודה
escritorio

תיק
carpeta

מקלדת
teclado

כסא
silla

סל נייר
papelera

מחשב
ordenador

ספל קפה

taza de café

מחשבון

calculadora

אינטרנט

internet

מחשב נייד

portátil

מכתב

carta

הודעה

mensaje

נייד

móvil

רשת

red

מכונת צילום

fotocopiadora

תוכנה

software

טלפון

teléfono

שקע

toma de corriente

פקס

fax

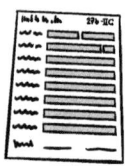

טופס

formulario

מסמך

documento

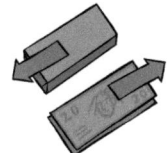

כלכלה
economía

קנה

comprar

שילם

pagar

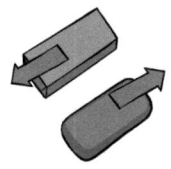

סחר

comerciar

כסף

dinero

דולר

dólar

יורו

euro

ין

yen

רובל

rublo

פרנק שווייצרי

franco suizo

יואן רנמינבי

renminbi yuan

רופי

rupia

כספומט

cajero automático

המרת מטבע

oficina de cambio de divisas

זהב

oro

כסף

plata

נפט

petróleo

אנרגיה

energía

מחיר

precio

חוזה

contrato

מס

impuesto

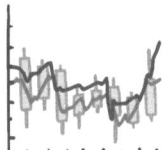

מנייה

acción

עבד

trabajar

עובד

empleado

מעסיק

empleador

מפעל

fábrica

חנות

tienda

שוטר
agente de policía

כבאי
bombero

טבח
cocinero

רופא
médico

טייס
piloto

גנן
jardinero

נגר
carpintero

תופרת
costurera

שופט
juez

כימאי
farmacéutico

שחקן
actor

נהג אוטובוס

conductor de autobús

נהג מונית

taxista

דייג

pescador

עובדת נקיון

señora de la limpieza

מתקן גגות

techador

מלצר

camarero

צייד

cazador

צייר

pintor

אופה

panadero

חשמלאי

electricista

עובד בניין

obrero

מהנדס

ingeniero

קצב

carnicero

אינסטלטור

fontanero

דוור

cartero

חייל

soldado

אדריכל

arquitecto

קופאי

cajero

מוכר פרחים

florista

ספר

peluquero

כרטיסן

revisor

מכונאי

mecánico

קברניט

capitán

רופא שיניים

dentista

מדען

científico

רב

rabino

אימאם

imán

נזיר

monje

כומר

sacerdote

כלי עבודה

herramientas

פטיש
martillo
מברג
destornillador
צבת
alicates
מפתח ברגים
llave
פנס
linterna

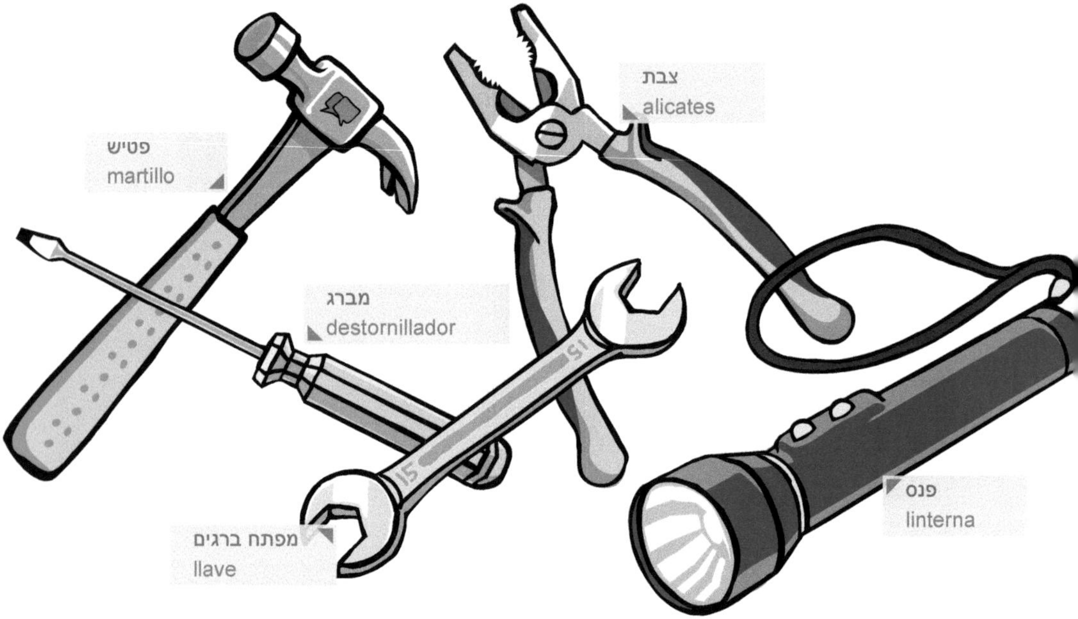

דחפור

excavadora

ארגז כלים

caja de herramientas

סולם

escalera de mano

מסור

sierra

מסמרים

clavos

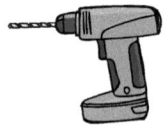

מקדחה

taladro

תיקן

reparar

את חפירה

pala

לעזאזל!

¡Maldita sea!

יעה

recogedor

פח צבע

bote de pintura

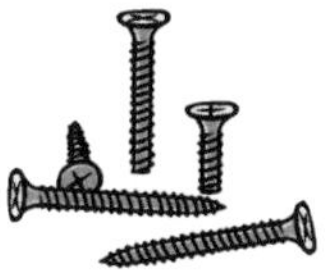

ברגים

tornillos

כלי נגינה
instrumentos musicales

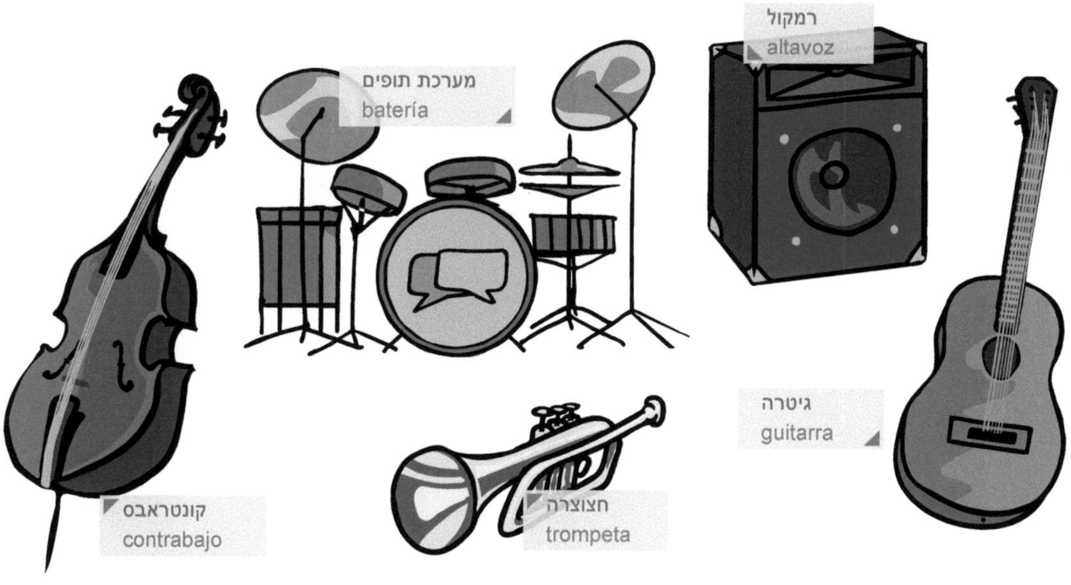

רמקול
altavoz
מערכת תופים
batería
גיטרה
guitarra
קונטראבס
contrabajo
חצוצרה
trompeta

פסנתר

piano

כינור

violín

בס

bajo

תוף הדוד

timbales

תופים

tambor

מקלדת פסנתר

teclado

סקסופון

saxofón

חליל

flauta

מיקרופון

micrófono

גן חיות
zoo

כניסה
entrada
נמר
tigre
כלוב
jaula
זברה
cebra
מזון לחיות
pienso
פנדה
panda

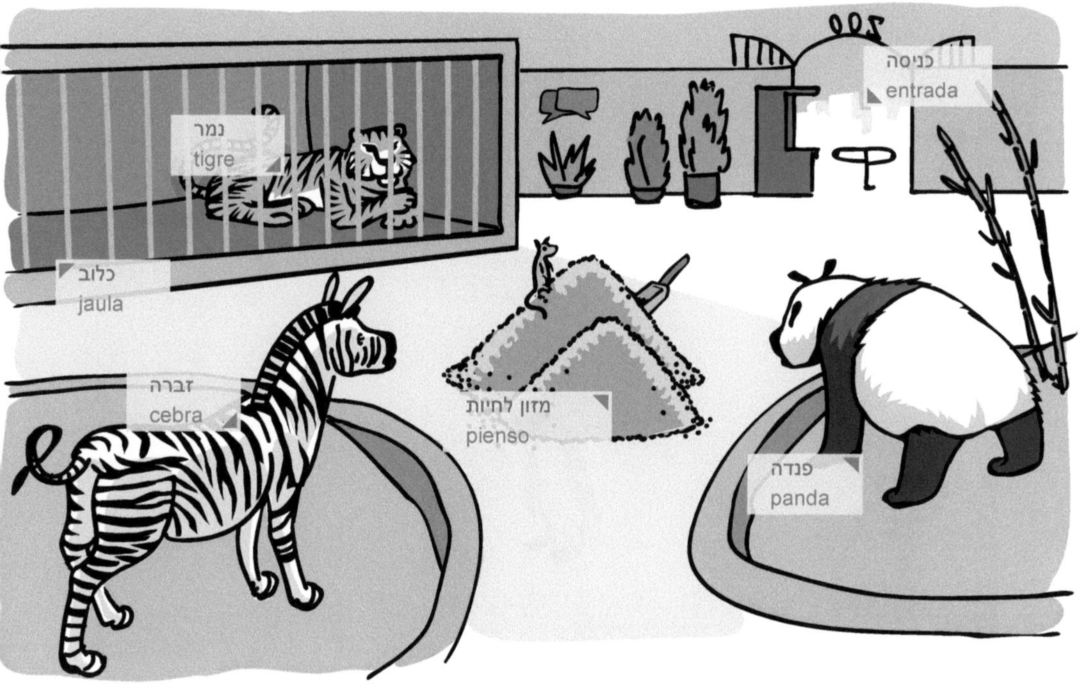

בעלי חיים
animales

פיל
elefante

קנגרו
canguro

קרנף
rinoceronte

גורילה
gorila

דוב
oso

גמל

camello

יען

avestruz

אריה

león

קוף

mono

פלמינגו

flamingo

תוכי

loro

דוב הקרח

oso polar

פינגווין

pingüino

כריש

tiburón

טווס

pavo real

נחש

serpiente

תנין

cocodrilo

שומר גן החיות

guardián de zoológico

כלב ים

foca

יגואר

jaguar

סוס פוני

poni

לאופרד

leopardo

היפופוטאם

hipopótamo

ג'ירפה

jirafa

נשר

águila

חזיר בר

jabalí

דג

pescado

צב

tortuga

סוס ים

morsa

שועל

zorro

איילה

gacela

ספורט
deportes

פוטבול אמריקאי
fútbol americano
רכיבת אופניים
ciclismo
טניס
tenis
כדורסל
baloncesto
שחיה
natación
אגרוף
boxeo
הוקי
hockey sobre hielo

כדורגל

fútbol

בדמינטון

bádminton

אתלטיקה

atletismo

כדור-יד

balonmano

עשה סקי

esquí

פולו

polo

פעילויות

actividades

צחק
reír
קפץ
saltar
חיבק
abrazar
הלך
caminar
שר
cantar
חלם
soñar
התפלל
rezar
נשק
besar

כתב
escribir

צייר
dibujar

הראה
mostrar

דחף
empujar

נתן
dar

לקח
tomar

יש / להיות הבעלים

tener

עשה

hacer

היה

ser

עמד

estar de pie

רץ

correr

משך

tirar

זרק

tirar

נפל

caer

שכב

yacer

חיכה

esperar

סחב

llevar

ישב

estar sentado

התלבש

vestirse

ישן

dormir

התעורר

despertar

הסתכל ב-

mirar

בכה

llorar

ליטף

acariciar

סירק

peinar

דיבר

hablar

הבין

entender

שאל

preguntar

שמע

escuchar

שתה

beber

אכל

comer

סידר

ordenar

אהב

amar

בישל

cocinar

נהג

conducir

עף

volar

שט

navegar

חישב

calcular

קרא

leer

למד

aprender

עבד

trabajar

התחתן

casarse

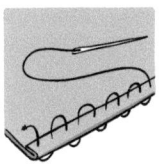

תפר

coser

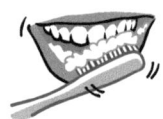

ציחצח שיניים

cepillarse los dientes

הרג

matar

עישן

fumar

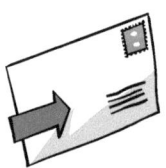

שלח

enviar

פעילויות - actividades

סבתא
abuela

סבא
abuelo

אבא
padre

אימא
madre

תינוק
bebé

בת
hija

בן
hijo

אורח
invitado

דודה
tía

דוד
tío

אח
hermano

אחות
hermana

גוף

cuerpo

מצח
frente
עין
ojo
כתף
hombro
אצבע
dedo
פנים
cara
סנטר
barbilla
כף יד
mano
רגל
pierna
חזה
pecho
זרוע
brazo

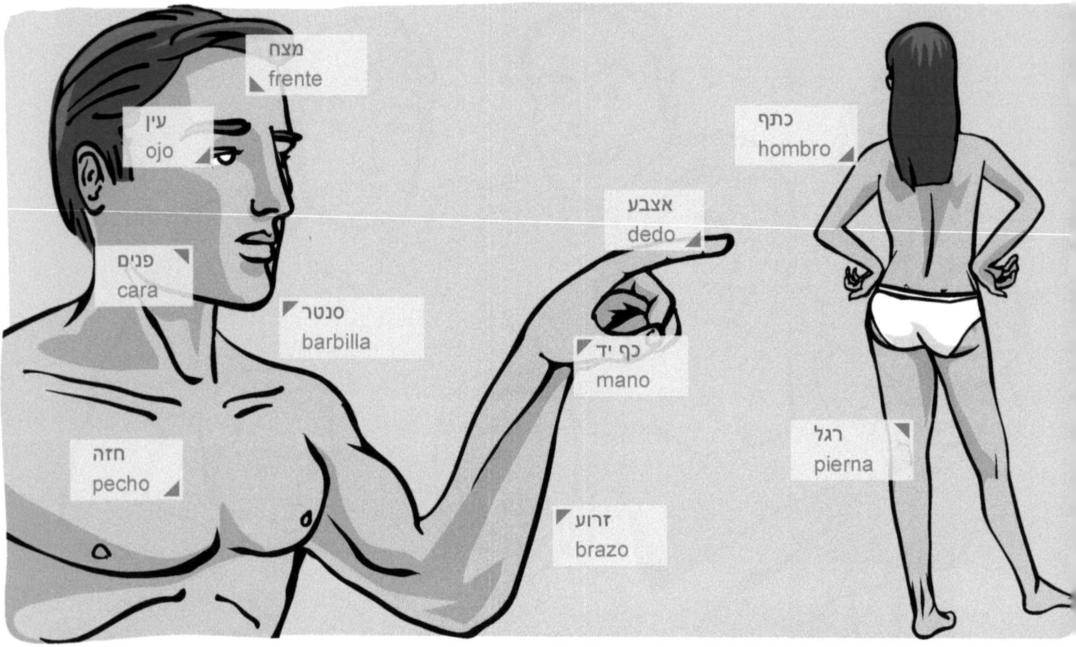

תינוק

bebé

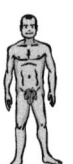

איש

hombre

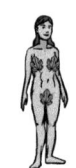

אישה

mujer

ילדה

chica

ילד

chico

ראש

cabeza

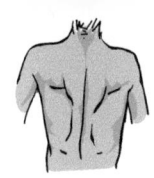

גב

espalda

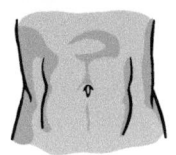

בטן

vientre

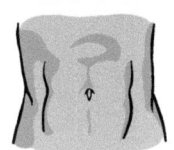

טבור

ombligo

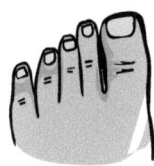

אצבע

dedo del pie

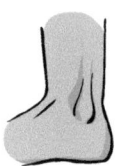

עקב

talón

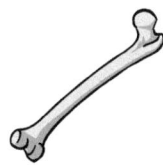

עצם

hueso

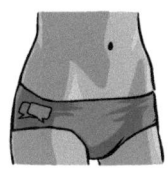

ירך

cadera

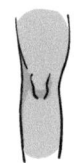

ברך

rodilla

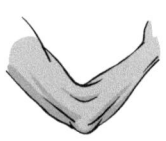

מרפק

codo

אף

nariz

עכוז

trasero

עור

piel

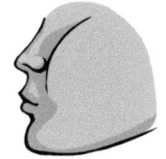

לחי

mejilla

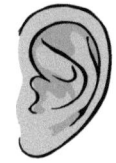

אוזן

oído

שפתיים

labio

פה

boca

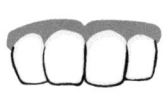

שן

diente

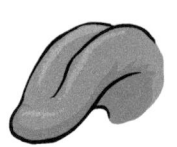

לשון

lengua

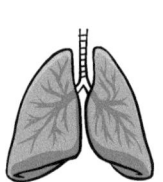

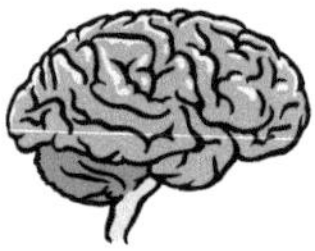

מוח

cerebro

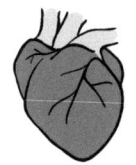

לב

corazón

שריר

músculo

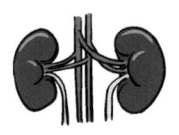

ריאה

pulmón

כבד

hígado

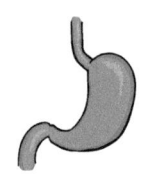

קיבה

estómago

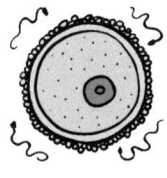

כליות

riñones

מין

sexo

קונדום

condón

ביצית

ovario

זרע

semen

הריון

embarazo

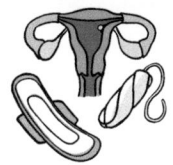

וסת

menstruación

נרתיק

vagina

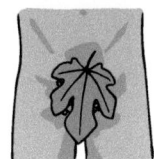

פין

pene

גבה

ceja

שיער

pelo

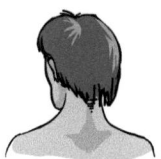

צוואר

cuello

בית חולים

hospital

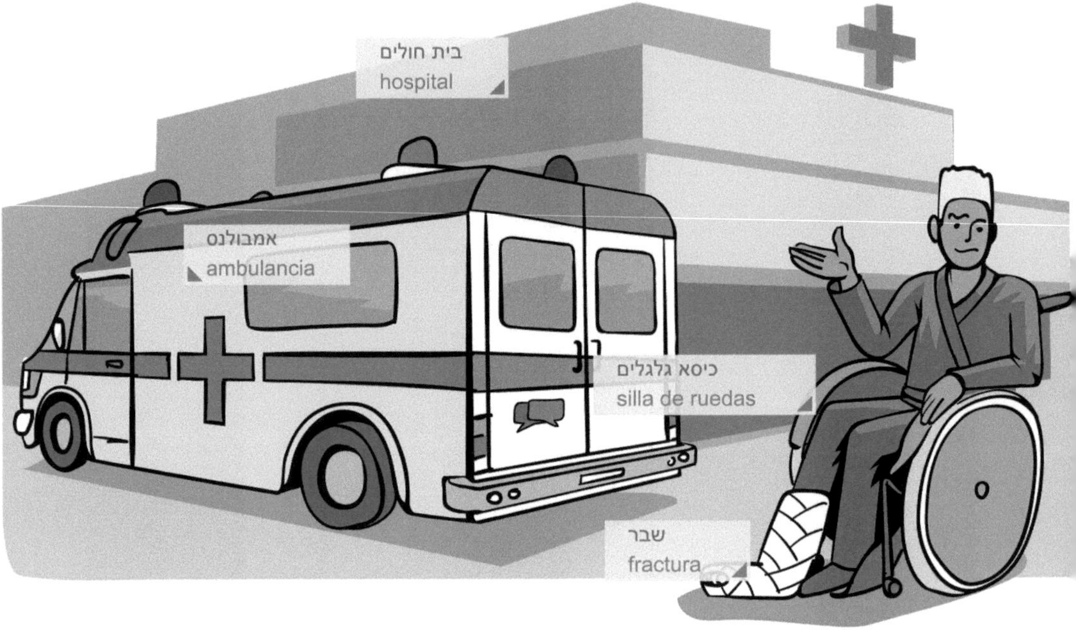

בית חולים
hospital
אמבולנס
ambulancia
כיסא גלגלים
silla de ruedas
שבר
fractura

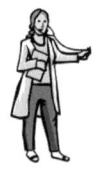

רופא

médico

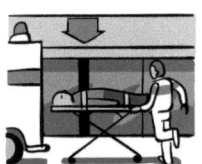

חדר מיון

sala de urgencias

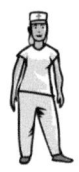

אחות

enfermera

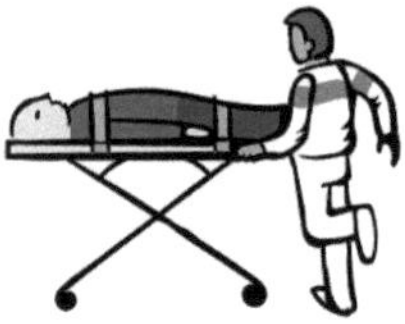

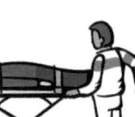

חירום

urgencia

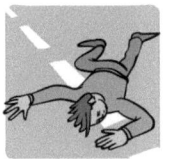

חסר הכרה

inconsciente

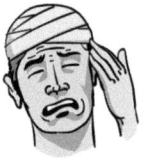

כאב

dolor

פציעה

lesión

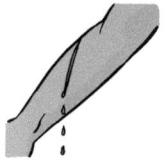

דימום

hemorragia

התקף לב

infarto

שבץ

ictus

אלרגיה

alergia

שיעול

tos

חום

fiebre

שפעת

gripe

שלשול

diarrea

כאב ראש

dolor de cabeza

סרטן

cáncer

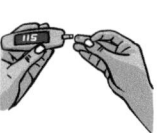

סוכרת

diabetes

מנתח

cirujano

אזמל

bisturí

ניתוח

operación

סי-טי

TAC

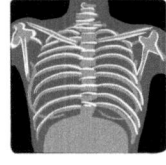

רנטגן

rayos x

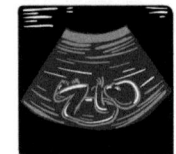

אולטרסאונד

ultrasonido

מסיכת פנים

mascarilla

מחלה

enfermedad

חדר המתנה

sala de espera

קבה

muleta

פלסטר

tirita

תחבושת

venda

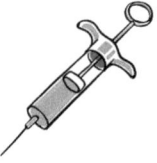

זריקה

inyección

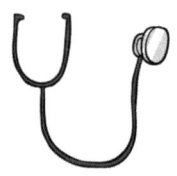

סטטוסקופ

estetoscopio

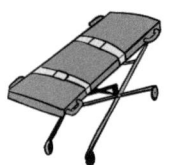

אלונקה

camilla

מד חום

termómetro

לידה

nacimiento

עודף משקל

sobrepeso

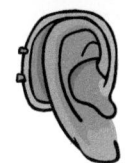

מכשיר שמיעה

audífono

מחטא

desinfectante

זיהום

infección

נגיף

virus

איידס

VIH / SIDA

תרופה

medicina

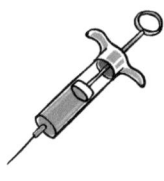

חיסון

vacunación

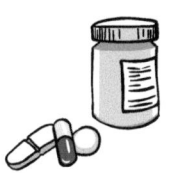

טבליות

tabletas

גלולה

pastilla

קריאת חירום

llamada de urgencia

מד לחץ דם

tensiómetro

חולה / בריא

enfermo / sano

חירום

urgencia

הצילו!

....

¡Socorro!

אזעקה

....

alarma

פשיטה

....

asalto

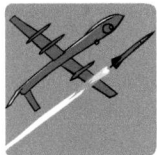

תקיפה

....

ataque

סכנה

....

peligro

יציאת חירום

....

salida de emergencia

אש!

....

¡Fuego!

מטף כיבוי

....

extintor de incendios

תאונה

....

accidente

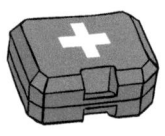

ערכת עזרה ראשונה

....

botiquín de primeros auxilios

הצילו!

....

SOS

משטרה

....

policía

אירופה

Europa

צפון אמריקה

Norteamérica

דרום אמריקה

Sudamérica

אפריקה

África

אסיה

Asia

אוסטרליה

Australia

האוקיינוס האטלנטי

Atlántico

האוקיינוס השקט

Pacífico

האוקיינוס ההודי

Océano Índico

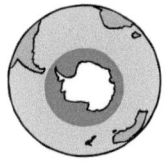

האוקיינוס האנטרקטי

Océano Antártico

האוקיינוס הארקטי

Océano Ártico

הקוטב הצפוני

polo norte

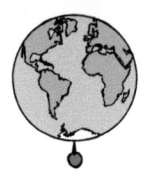

הקוטב הדרומי

polo sur

אנטארקטיקה

Antártida

כדור הארץ

tierra

אדמה

tierra

ים

mar

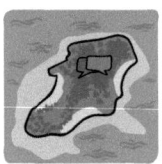

אי

isla

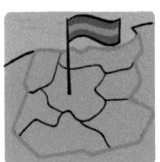

לאום

nación

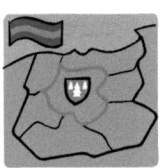

מדינה

estado

שעון
hora(s)

פני השעון
esfera

מחוג השעות
manecilla de las horas

מחוג הדקות
minutero

מחוג השניות
segundero

מה השעה?
¿Qué hora es?

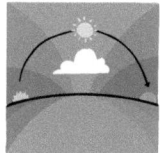

יום
día

זמן
tiempo

עכשיו
ahora

שעון דיגיטלי
reloj digital

דקה
minuto

שעה
hora

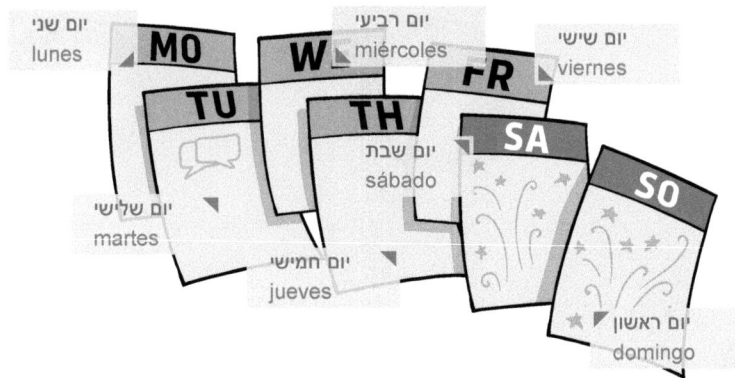

שבוע

semana

יום שני
lunes
SA
יום רביעי
miércoles
יום שישי
viernes
יום שבת
sábado
יום שלישי
martes
יום חמישי
jueves
יום ראשון
domingo

אתמול

ayer

היום

hoy

מחר

mañana

בוקר

mañana

צהריים

mediodía

ערב

tarde

ימי עבודה

días laborables

סוף שבוע

fin de semana

שנה

año

גשם
lluvia
קשת בענן
arcoíris
רוח
viento
שלג
nieve
אביב
primavera
קיץ
verano
סתיו
otoño
חורף
invierno

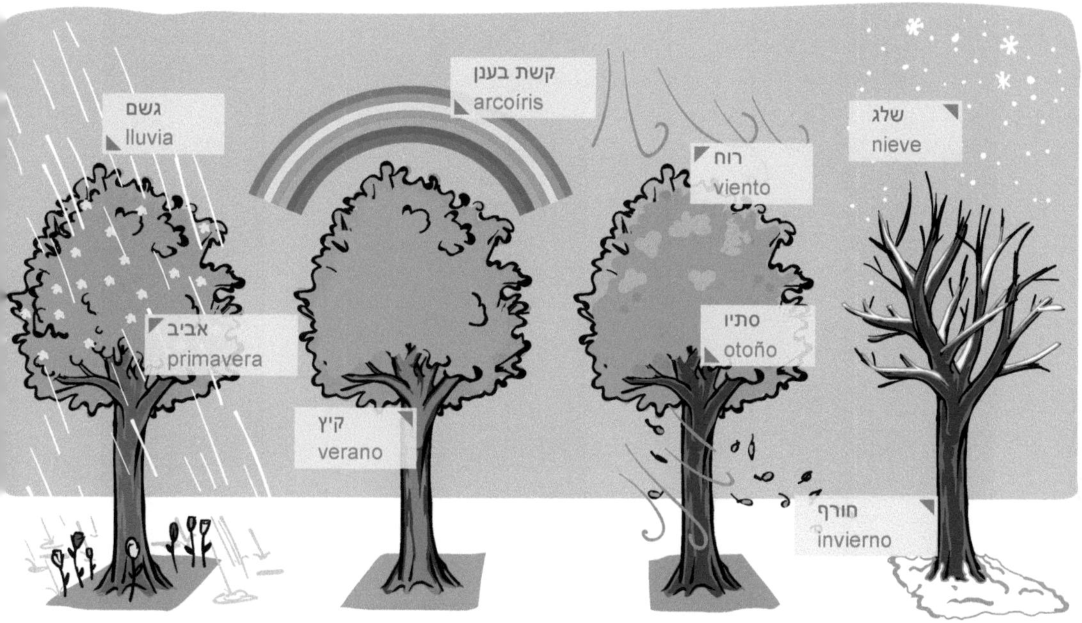

תחזית מזג האוויר

pronóstico del tiempo

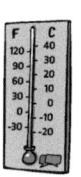

מד חום

termómetro

אור שמש

sol

ענן

nube

ערפל

niebla

לחות

humedad

ברק

rayo

רעם

trueno

סערה

tormenta

ברד

granizo

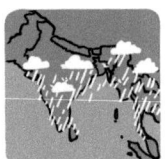

רוח עונתי

monzón

שיטפון

inundación

קרח

hielo

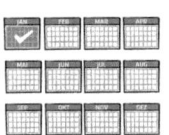

ינואר

enero

פברואר

febrero

מרץ

marzo

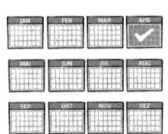

אפריל

abril

מאי

mayo

יוני

junio

יולי

julio

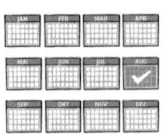

אוגוסט

agosto

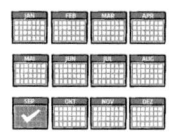

ספטמבר

septiembre

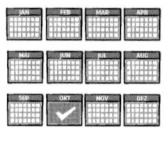

אוקטובר

octubre

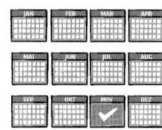

נובמבר

noviembre

דצמבר

diciembre

צורות

formas

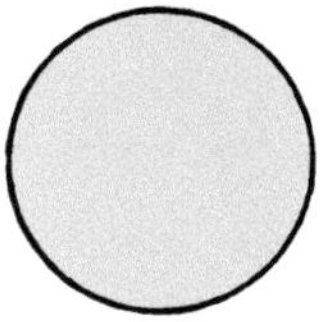

עיגול

círculo

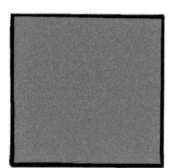

מרובע

cuadrado

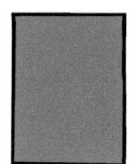

מלבן

rectángulo

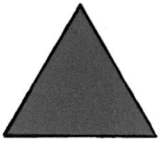

משולש

triángulo

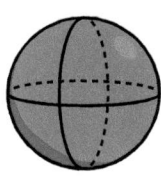

כדור

esfera

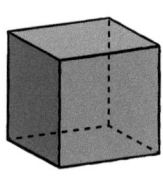

קובייה

cubo

צבעים
colores

לבן

blanco

צהוב

amarillo

כתום

anaranjado

ורוד

rosa

אדום

rojo

סגול

morado

כחול

azul

ירוק

verde

חום

marrón

אפור

gris

שחור

negro

הרבה / מעט

mucho / poco

כועס / רגוע

enojado / tranquilo

יפה / מכוער

bonito / feo

התחלה / סוף

principio / fin

גדול / קטן

grande / pequeño

בהיר / כהה

claro / oscuro

אח / אחות

hermano / hermana

נקי / מלוכלך

limpio / sucio

שלם / חלקי

completo / incompleto

יום /לילה

día / noche

מת / חי

muerto / vivo

רחב / צר

ancho / estrecho

אכיל / לא אכיל

comestible / no comestible

רשע / טוב לב

malo / amable

מתרגש / משועמם

entusiasmado / aburrido

שמן / רזה

gordo / delgado

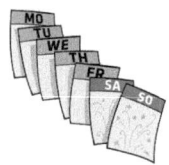

ראשון / אחרון

primero / último

חבר / אויב

amigo / enemigo

מלא / ריק

lleno / vacío

קשה / רך

duro / blando

כבד / קל

pesado / ligero

רעב / צמא

hambre / sed

חולה / בריא

enfermo / sano

בלתי-חוקי / חוקי

ilegal / legal

נבון / טיפש

inteligente / tonto

שמאל / ימין

izquierda / derecha

קרוב / רחוק

cerca / lejos

חדש / משומש

nuevo / usado

כלום / משהו

nada / algo

זקן / צעיר

viejo / joven

פעיל / כבוי

encendido / apagado

פתוח / סגור

abierto / cerrado

שקט / רועש

silencioso / ruidoso

עשיר / עני

rico / pobre

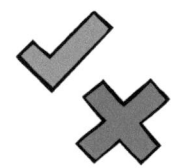

נכון / שגוי

correcto / incorrecto

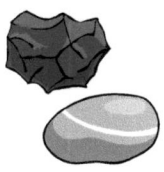

מחוספס / חלק

áspero / suave

עצוב / שמח

triste / contento

קצר / ארוך

corto / largo

איטי / מהיר

lento / rápido

רטוב / יבש

húmedo / seco

חם / קר

cálido / frío

מלחמה / שלום

guerra / paz

מספרים
números

0 אפס cero	1 אחת uno	2 שתיים dos
3 שלוש tres	4 ארבע cuatro	5 חמש cinco
6 שש seis	7 שבע siete	8 שמונה ocho
9 תשע nueve	10 עשר diez	11 אחת-עשרה once

12
שתים-עשרה
doce

13
שלוש-עשרה
trece

14
ארבע-עשרה
catorce

15
חמש-עשרה
quince

16
שש-עשרה
dieciséis

17
שבע-עשרה
diecisiete

18
שמונה-עשרה
dieciocho

19
תשע-עשרה
diecinueve

20
עשרים
veinte

100
מאה
cien

1.000
אלף
mil

1.000.000
מיליון
millón

idiomas

אנגלית

inglés

אנגלית אמריקאית

inglés americano

סינית מנדרינית

chino mandarín

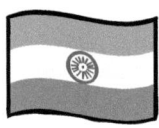

הודית

hindi

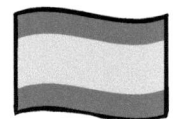

ספרדית

español

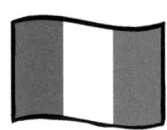

צרפתית

francés

ערבית

árabe

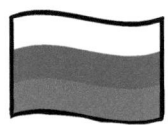

רוסית

ruso

פורטוגזית

portugués

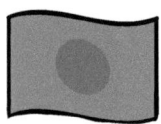

בנגלית

bengalí

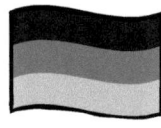

גרמנית

alemán

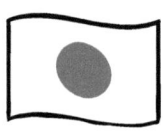

יפנית

japonés

מי / מה / איך
quién / qué / cómo

אני

yo

אתה / את

tú

הוא / היא / זה

él / ella / ello

אנחנו

nosotros/as

אתם

vosotros/as

הם

ellos/as

מי?

¿quién?

מה?

¿qué?

איך?

¿cómo?

איפה?

¿dónde?

מתי?

¿cuándo?

שם

nombre

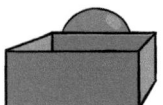

איפה
dónde

מאחור

detrás

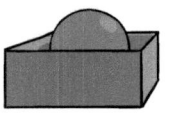

בתוך

en

לפני

delante de

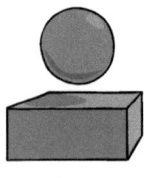

מעל

por encima de

על

sobre

מתחת

debajo de

ליד

junto a

בין

entre

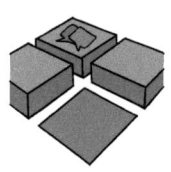

מקום

lugar